NOTICE

sur

L'HORLOGE GOTHIQUE

CONSTRUITE VERS 1430

POUR

PHILIPPE III, DIT LE BON, DUC DE BOURGOGNE

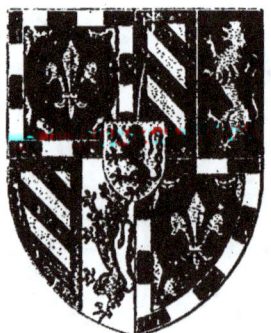

PAR

MAXIMILIEN DE LEBER

COMMISSAIRE I. R. DE L'INSPECTION GÉNÉRALE DES CHEMINS DE FER AUTRICHIENS, ANCIEN ÉLÈVE
DIPLOMÉ DE L'ÉCOLE DES PONTS ET CHAUSSÉES DE PARIS, LICENCIÉ ÈS SCIENCES MATHÉMATIQUES
DEVANT LA FACULTÉ DE PARIS &c.

VIENNE 1877.

CHEZ L'AUTEUR ET ÉDITEUR

MÖLKERBASTEI 8.

NOTICE

sur

L'HORLOGE GOTHIQUE

CONSTRUITE VERS 1430

POUR

PHILIPPE III, DIT LE BON, DUC DE BOURGOGNE

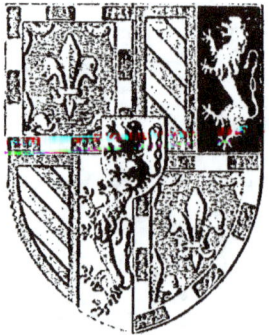

PAR

MAXIMILIEN DE LEBER

COMMISSAIRE I. R. DE L'INSPECTION GÉNÉRALE DES CHEMINS DE FER AUTRICHIENS, ANCIEN ÉLÈVE
DIPLÔMÉ DE L'ÉCOLE DES PONTS ET CHAUSSÉES DE PARIS, LICENCIÉ ÈS SCIENCES MATHÉMATIQUES
DEVANT LA FACULTÉ DE PARIS &c.

VIENNE 1877.

CHEZ L'AUTEUR ET ÉDITEUR

MÖLKERBASTEI 8

Imprimerie de Guillaume Köhler à Vienne, VI. Mollardgasse 41.

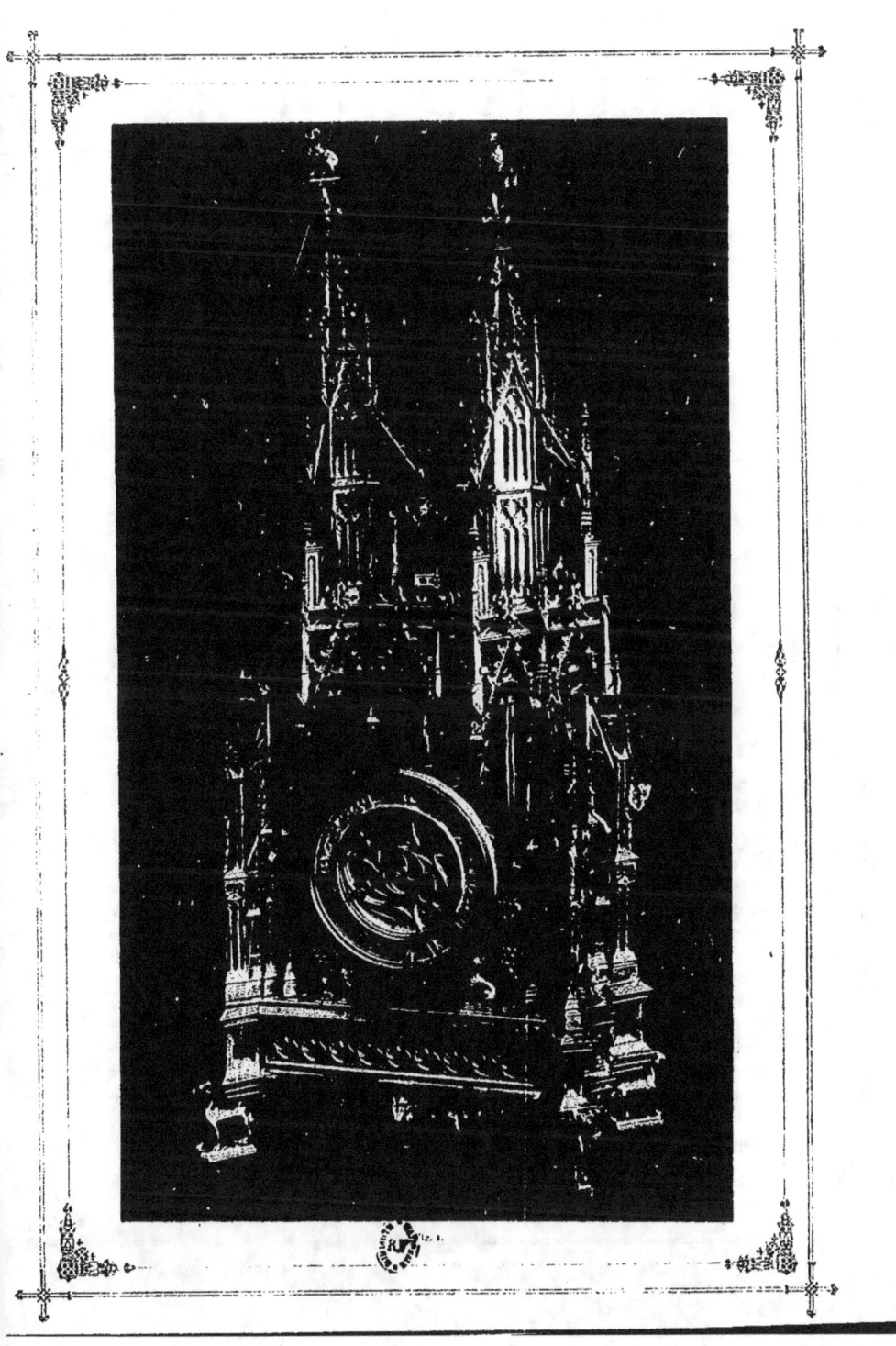

Fiz. 1.

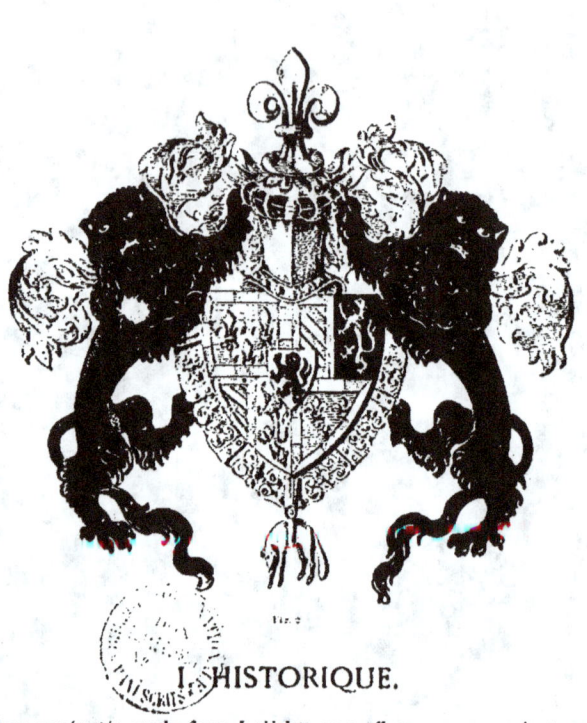

Fig. 1

I. HISTORIQUE.

L'horloge représentée par la figure I ci-jointe nous offre un rare exemple des nombreux chefs-d'œuvre d'orfèvrerie auxquels le luxe connu des ducs de Bourgogne avait donné naissance. Elle est entièrement en bronze doré et c'est à cette circonstance sans doute, que l'on doit la bonne fortune de la posséder encore, les 4 siècles et demi qui nous séparent du temps où elle fut construite ayant fait passer à la fonderie presque tous les objets d'art analogues en or et argent, que leur valeur intrinsèque en métal laissait trop en butte à la rapacité humaine.

Il n'y a aucun doute sur l'autenticité de son origine; sa construction toute entière nous en donne pour ainsi dire elle-même le témoignage; elle réunit en elle le bon goût des pièces coulées ou bosselées et la finesse des ciselures.

L'ensemble représente une chapelle gothique décorée tout autour mais dénuée de tout emblème religieux, on y trouve 12 fois le lion de Bourgogne, à savoir: 2 fois sous le cadran de la face principale, 2 fois sur chaque face latérale, 4 fois sur le pourtour de la balustrade supérieure (peu visibles sur la figure) et une fois sur chaque clocher. Sur le

1*

coté droit de l'horloge*) le lion placé sur le clocher et le lion principal de la face latérale tiennent chacun dans une patte l'écusson aux armoiries de Philippe-le-bon**) en émail incrusté sur bronze, sur le côté gauche les deux lions symétriques tiennent chacun dans une patte le briquet bourguignon, en guise d'emblème de l'ordre des chevaliers de la toison d'or (créé par Philippe-le-bon en 1429).

Cet emblème indique pour la construction de l'horloge l'année 1430 ou une époque postérieure, et l'écusson d'autre part qui est décrit plus loin et se trouve représenté très-exactement (fig. 3) semble indiquer une époque peu éloignée de 1430. Les armoiries de

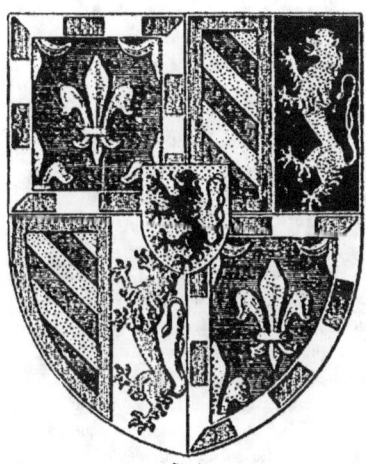

Fig. 3

Bourgogne moderne qui y figurent à la 1re et 4de partition, sont celles de l'écu de France (c. à. d. fleurs de lys d'or sur champ bleu) avec une bordure cantonée rouge et argent alternativement; elles se retrouvent dans les écussons postérieurs en particulier celui de Charles-le-téméraire ainsi que le fait voir un cachet de ce prince dessiné (fig. 2) en tête de cette notice d'après le grand ouvrage allemand de Siebmacher ***). Cet ouvrage mentionne ce fait très-intéressant (I. Band, Abthg. II, Seite 9) que les armoiries de l'écu de France à partir de Louis XI****) comportent invariablement les 3 fleurs de lys d'or sur champ bleu tandisqu'à une époque plus reculée elles montrent un nombre variable de fleurs de lys d'or sur champ bleu.

L'écu des ducs de Bourgogne paraît avoir subi le changement en question déjà un peu plus tôt: j'en trouve une preuve d'abord sur les monnaies d'or et d'argent de cette époque conservées dans le „cabinet impérial des monnaies et antiquités" (Münz- und Antiken-Cabinet) de Vienne, où les 3 fleurs de lys se retrouvent jusqu'en 1420, puis sur les belles armoiries que l'on peut voir dans un précieux volume in 4 qui se trouve conservé sous le no. 2606 parmi les manuscrits de la bibliothèque impériale (Hof-Bibliothek) de Vienne et qui dépourvu de titre et de signature comme presque tous les documents de cette époque, contient un recueil d'ordonnances relatives à l'ordre des chevaliers de la toison d'or à partir du 10 Janvier 1429

*) La droite et la gauche de l'horloge s'entendent ici en assimilant cet objet d'art à un être humain ayant sa face à l'endroit du cadran, où encore en le traitant comme les écus dans le blason.
**) Philippe-le-bon, grand protecteur des arts, fils et successeur de Jean sans peur tué à Montereau en 1419, naquit à Dijon le 13 Juin 1396 et régna à partir de 1419 jusqu'à sa mort en 1467; son fils et successeur fut Charles-le-téméraire.
***) Siebmacher's grosses und allgemeines Wappenbuch, bearbeitet v. M. Gritzner u. Ad. Hildebrand. Nürnberg 1870. Bauer & Raspe. I. Korin. in 4. I. Band, II. Abthlg. Tafel 28, Seite 13.
****) Avénement de Louis XI après la mort de son père Charles VII 22 Juillet 1461.

avec les portraits des princes de Bourgogne, leurs armoiries[*] garnies des insignes de l'ordre en question ainsi que celles des autres chevaliers nommés successivement, le tout point sur parchemin avec des couleurs et des métaux dont l'état admirable de conservation fait grand honneur aux artistes de ce temps; j'en trouve une preuve enfin sur un fort beau couteau à trancher de 0,4™ de long ayant appartenu au duc de Bourgogne Philippe-le-bon et qui se trouve dessiné dans le „dictionnaire du mobilier français" de M. Viollet-le-duc[**] Tome VI, page 77:

„A partir du règne de Charles V, dit à ce sujet ce savant architecte, nos collections renferment un assez grand nombre de ces couteaux à trancher d'une belle fabrication. Un des plus remarquables appartient à M. le comte de Newerkerke."

„La lame est large mince et d'un beau galbe, le manche est de bois dur garni d'une virole d'un pommeau et de deux bandes d'argent doré et émaillé. Sur les bandes on lit la devise „aultre naray" qui fut adoptée par Philippe-le-bon duc de Bourgogne quand il épousa en 1429 Isabelle de Portugal. Les armes émaillées sur les deux faces du pommeau et de la virole sont bien celles de ce prince. En effet l'écu est écartelé au premier et quatrième de Bourgogne moderne et au deuxième et troisième, parti de Bourgogne ancien et de Brabant, de Bourgogne ancien et de Limbourg et brochant sur le tout de Flandre."[***]

„Cet objet d'une merveilleuse conservation est fabriqué avec un soin extrême. La virole est fixée à la base de la lame et au manche par une main habile, car on n'apperçoit sur ce point délicat aucune trace d'ébranlement. Les musées de Dijon et du Mans possèdent des couteaux qui ont évidemment appartenu au même prince et qui peut-être faisaient partie de la vaisselle de Charles-le-téméraire. Cette vaisselle fut comme on sait pillée à Grandson et Morat. Les couteaux de Dijon possèdent leur gaine de cuir gaufré avec le briquet bourguignon et deux C ce qui indiquerait que ces couteaux ont appartenu à Charles de Bourgogne qui épousa étant alors comte de Charolais, Catherine de France 1439. Le couteau du musée du Mans[****] est également d'une merveilleuse fabrication, son manche est d'ébène et sur la virole se voient les deux C."

Le dessin suscité de l'ouvrage de M. Viollet-le-duc (dans lequel les couleurs évidemment fausses des armoiries ont été introduites sans aucun doute par le dessinateur inexpérimenté dans l'art du blason) nous fait voir l'écusson de Philippe-le-bon vers 1429 avec les trois fleurs de lys, telles qu'elles figurent sur le cachet de Charles-le-téméraire (fig. 2) reproduit en tête de cette note, mais nous possédons encore d'autres couteaux analogues de cette époque dont M. Viollet-le-duc ne fait point mention et qui n'ont pour ainsi

---

[*] Voir à ce sujet encore les nombreux ouvrages cités plus loin à la fin du chapitre V.

[**] Viollet-le-duc: Dictionnaire du mobilier français de l'époque carlovingienne à la renaissance, Paris Vve. Morel 1871 in 8.

[***] 1. *Bourgogne moderne*: Fleurs de lys d'or sur champ bleu avec bordure cantonnée rouge et argent.

2. *Bourgogne ancien*: Un champ cinq fois tranché or et bleu avec bordure rouge.

3. *Brabant*: Lion d'or sur champ noir.

4. *Limbourg* (Luxembourg): Lion rouge sur champ d'argent.

5. *Flandre*: Lion noir sur champ d'or.

[****] Voir pr. le couteau du Mans la notice de M. Hucher dans le „Bulletin de la société d'agriculture sciences et arts du Mans" 1859.

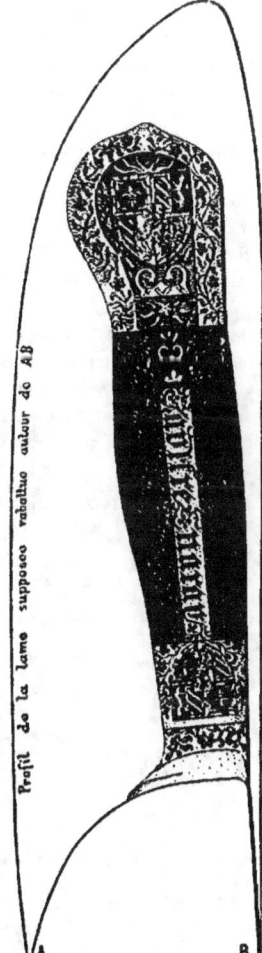

Profil de la lame supposée rabattue autour de AB

A

B

Fig. 4.

dire pas quitté la famille, puisqu'ils ont été apportés en Autriche par la princesse Marie de Bourgogne lors de son mariage avec Maximilien I d'Autriche en 1477. Ces couteaux dont je donne ici (fig. 4) un dessin très exact*) se trouvent actuellement à Vienne dans la „chambre du trésor impérial" (kaiserliche Schatzkammer), ils ont été fabriqués par ordre du duc Philippe-le-bon pour un banquet que ce prince donna vers 1430 à l'occasion de la fondation de l'ordre des chevaliers de la toison d'or. Les armoiries en émail incrusté que l'on apperçoit sur leur manche sont absolument identiques avec celles qui se trouvent sur l'horloge dont il est ici question et qui se trouvent représentées (fig. 3). Les couteaux eux-mêmes (sauf les fleurs de lys dans l'écusson de France) me paraissent entièrement identiques au couteau sus-cité de M. de Newerkerke décrit par M. Viollet-le-duc; leur autenticité est du reste hors de doute. Nous retrouvons aussi de semblables couteaux quoique très-imparfaitement décrits dans un inventaire de Charles-le-téméraire reproduit par M. le comte de Laborde dans son ouvrage: „les ducs de Bourgogne"**) Tome II, page 87 no. 2681. Il y est dit: „Une demi XII de tranchoirs d'argent doré, servans à la nef du roy***) armoyez au dos de trois fleurs de lis pesant IX*** XVIII. e."

L'horloge par contre ne peut se retrouver dans tous ces inventaires qui contiennent l'orfèvrerie d'or et d'argent et ne mentionnent point l'orfèvrerie de bronze; on pourrait tout au plus retrouver cette horloge dans le comptes des ducs de Bourgogne, mais il est probable que des recherches faites à ce sujet resteraient infructueuses parce que les objets mentionnés dans les comptes n'y sont généralement décrits que d'une manière trop imparfaite pour permettre de vérifier leur identité.

*) Les couleurs de tous les émaux et métaux non seulement dans les armoiries, mais aussi sur tout le manche du couteau, sont indiquées sur le dessin d'après la méthode usitée dans le blason; le bois du manche est d'un brun très-foncé. Le dessin à été fait directement d'après l'original et en grandeur naturelle.

**) Les ducs de Bourgogne, études sur les lettres, les arts et l'industrie pendant le XVe siècle et plus particulièrement dans les pays-bas et le duché de Bourgogne par le comte de Laborde. 3 Vol. in 8. Paris, Plon frères 1849, 1851, 1852.

***) „la nef du roy" cassette de vermeil en forme de vaisseau où l'on mettait les services du roi. — Herm. Weiss, Kostümkunde. Stuttgart 1872. III. Ed. Abth'g. I, S. 492.

J'ai parcouru partiellement les comptes publiés par M. de Laborde et je ne suis parvenu qu'à en tirer la conclusion que d'après certains comptes soldés pour ouvrages tout à fait analogues*), mon horloge doit avoir été probablement construite par Jehan Pentin de Bruges, orfèvre du duc de 1423 à 1440**) et par Pierret Lombart de Mons, horloger du duc de 1430 à 1436***). Il faudrait que de pareilles recherches fussent entreprises par un aussi savant et infatigable travailleur comme M. le comte de Laborde lui-même pour qu'on puisse espérer retrouver les comptes mêmes concernant notre petit chef-d'œuvre.

On se demandera maintenant avec raison, comment cette horloge, aussi remarquable comme objet d'art que par les souvenirs historiques qui s'y rattachent, a pu quitter les galeries des familles princières de Bourgogne ou d'Autriche pour se trouver actuellement en possession d'un simple particulier c. à d. faire partie de la collection d'antiquités que m'a laissée mon père? C'est en mars 1846 que mon père Frédéric de Leber ****) en fit l'acquisition dans des circonstances assez singulières, où le vendeur ignorait absolument ce qu'il livrait à l'acheteur.

A une époque un peu antérieure des chefs-d'œuvre de tout genre avaient été amassés par le prince Edouard de Collalto †) dans son palais de Vienne (Hof no. 420) et son château de Breitensée près Vienne; les galeries et collections d'objets d'art et d'antiquités, qui avaient acquis une réputation bien fondée, sont citées par les auteurs de ce temps lesquels parlent également tout particulièrement de notre horloge gothique qui se trouvait

*) Voir particulièrement: No. 923: Compte de Jehan Abonnel depuis le 1 Janvier 1430 au 31 Décembre 1431 ..... „Item pour la façon des pelotiers des heures de M. S. qui ont été refait deux fois pour y adjouter les armes de Brabant XIII. 1." On n'avait guère connu jusqu'à cette époque que les grandes et petites horloges à poids non susceptibles de déplacement; il semble que le scribe a voulu dire „les free-movers des heures" employant ainsi à défaut d'une expression française un terme anglais pour spécifier des horloges à ressort ou horloges marchant librement d'elles-mêmes et sans poids, qui étaient probablement alors d'invention toute récente. Cependant le mot „heures" tout seul, désignant aussi à cette époque un livre contenant des oraisons et prières ainsi qu'un calendrier, il se pourrait que l'explication ci-dessus fut erronée.

**) Voir les nos.: 676, 690, 752, 820, 921 à 933, 1082 à 1093, 1088, 1094, 1116, 1149, 1205, 4010, 4930

***) Voir les nos.: 892, 1190. Cependant il se pourrait également qu'un ouvrier anglais ait été chargé de fabriquer l'horlogerie.

****) Frédéric de Leber né à Vienne le 4 Octobre 1803, mort à Vienne le 11 Décembre 1846 — archéologue distingué — auteur de „Wiens kaiserliches Zeughaus", Leipzig, Karl F. Kohler, 1846; — „die Ritterburgen Krakeneck, Scharfeneck und Raubenstein etc." Wien, Braumüller, 1844.
Voir pour la biographie:
1. Oesterreichische Blätter für Literatur, Kunst, Geschichte etc. 4 Jahrg. No. 17, 18 ou Lien.
2. Mittheilungen des Wiener Alterthum-Vereines. I. Bd., Fol. 268–284, Jos. Feil.
3. Wurzbach Dr. Constant. v. Biographisches Lexicon des Kaiserthumes Oesterreich, Wien, Hof- und Staatsdruckerei, 1865. Bd. 14, Seite 268.
4. Neuer Nekrolog der Deutschen Bernhardt Fried. Voigt. XXIV. Jahrg. 1845. S. 1118, No. 1722.

†) Edouard de Collalto né le 28 Avril 1747, devenu prince de Collalto le 21 Novembre 1822, rejeton d'une famille illustre de comtes déjà connus au 7me siècle et issus du comté de Collalto qui avait les châteaux de Collalto S. Salvatore, Sta. Lucia et Ray (environs de Treviso) pour résidences seigneuriales. Voir: Oesterreichische National Encyclopädie, Wien, Fried. Beck, 1835 I. Bd., S. 507.

alors au château de Breitensée et y était remarquée *) comme l'une des plus belles pièces. Kaltenbaeck entre autres dit en la citant en 1835 dans sa „feuille pour la littérature et les arts" **): „la perle de toute la collection est l'horloge gothique gentille à merveille en forme d'église et avec l'écusson bourguignon, provenant de la dernière moitié du XIV° siècle, un chef-d'oeuvre du travail soigné et du bon goût de cette époque".

Malheureusement un peu plus tard, en 1837, un sort affreux attendait ce château de Breitensée et tous les chefs-d'oeuvre qui s'y trouvaient accumulés: un certain Frédéric Simon, ancien maître sellier dit-on et spéculateur aventureux, devenu le propriétaire des collections, était tombé entre les mains des usuriers, qui s'emparèrent par voie de saisie judiciaire de tous ces trésors: tableaux, statues, bas-reliefs, gravures, antiquités … tout fut vendu aux enchères ou à l'amiable.

Un peu plus tard (Mars 1846) mon père ayant vu l'horloge gothique, qui était à vendre chez le dit Simon déjà depuis assez longtemps, fut informé de la visite prochaine dont allaient l'honorer S. A. J. le prince héritier (François Joseph, depuis S. M. l'empereur d'Autriche) et les Archiducs frères de S. A. afin de s'instruire sur plusieurs particularités concernant les armures du moyen âge, et fort désireux à cette occasion de posséder dans sa collection un objet d'art qu'il savait avoir appartenu à la famille impériale, il se décida à en faire l'acquisition aux conditions fixées par les usuriers et que ces derniers croyaient brillantes ***).

L'horloge se trouve donc depuis plus de 30 ans en possession de ma famille; il paraît hors de doute qu'elle aura été apportée en Autriche (tout comme les couteaux suscités de la chambre du trésor) par la princesse Marie de Bourgogne lors de son mariage avec Maximilien I d'Autriche en 1477, mais il ne m'a pas été possible jusqu'ici d'obtenir des renseignements précis sur la manière dont elle est arrivée dans les collections des comtes ou princes Collalto: plusieurs versions assez plausibles se trouvent admises à ce sujet parmi les archéologues autrichiens.

D'après la première version, l'horloge aurait été simplement donnée à l'un des comtes de Collalto qui ont joué un rôle brillant dans l'histoire d'Autriche, comme une marque

---

*) Voir pour les collections de Collalto:
1. Wiens lebende Schriftsteller, Künstler und Dilettanten im Kunstfache, dann Bücher-, Kunst- u. Naturschätze etc. v. Franz Heinr. Böckh. petit oct. Wien, Bauer, 1822. Page 393.
2. Wiens Umgebungen auf 20 Stunden im Umkreise, nach eigenen Wanderungen geschildert durch Adolf Schmidl. Wien, Gerold, 1835. in oct. Tome I page 131.
**) Oesterreichische Zeitschrift für Geschichte und Staatskunde: Blätter für Literatur und Kunst und Kritik. Wien, Beck, 1835. in 4. No. 97 page 385:
„Die Perle der gesammten Sammlung aber ist die wunderliche altdeutsche Uhr in Münsterform, mit dem burgundischen Wappen aus der letzten Hälfte des XIV^{en} Jahrhunderts, ein Meisterstück des Fleisses und Geschmackes damaliger Zeit." — L'auteur suppose évidemment dans cette hypothèse que les briquets et les armoiries ont été ajoutés plus tard, ce qui se trouve en contradiction avec les résultats d'une étude plus approfondie de l'horlogerie et de la décoration.
***) J'ai la quittance sous les yeux; elle est signée „Frédéric Simon" datée du 19 Mars 1846 et mentionne ce fait que l'horloge provenant des collections du prince de Collalto, et inscrite dans le catalogue imprimé sous le no. 9, page 95 a été payée avec 700 fl. (Conv.-Mz.) en espèces, et en outre avec des antiquités dont on a donné quittance séparément. La valeur totale du paiement représentait à peu près 2000 fl. dit-on.

toute particulière de la satisfaction impériale. En pareille qualité on pourrait citer outre le prince Edouard de Collalto déjà nommé:

1. Antoine IV fils de Rambold XII chambellan et conseiller intime de l'empereur Maximilien II, membre du „conseil de guerre impérial"[*], Feldmarschall etc.

2. Rambold XIII fils du précédent, né à Mantone en 1579, un contemporain de Tilly et Wallenstein qui devint Chambellan, conseiller intime, Feldmarschall en 1625, puis président du conseil de guerre impérial vers 1627 et se distingua en 1630 par la prise d'assaut de la forteresse de Mantoue. (L'empereur Ferdinand II à cette occasion raconte-t-on le combla de présents et lui alloua une somme de 400000 fl. en argent.)

3. Antoine François né en 1630, fils du précédent, chambellan, conseiller intime et chevalier de la toison d'or etc.

Il n'y a aucune difficulté à admettre que l'un de ces seigneurs qui étaient arrivés aux plus hautes dignités et dont plusieurs se trouvaient membres de l'ordre des chevaliers de la toison d'or, n'aient reçu notre horloge en présent d'un des membres de la famille impériale, mais nous n'en possédons jusqu'ici aucune preuve.

D'après la seconde version l'horloge aurait été simplement achetée par le prince Edouard de Collalto et proviendrait des collections d'objets rares, curieux et précieux organisées à Prague avec les trésors que l'empereur Rodolphe II[**]) y avait amassés vers la fin de son règne et qui pour ce fait portaient son nom („Rudolphinische Sammlungen").

Ces collections se trouvaient au château royal de Prague dans les salles actuellement dites allemande et espagnole, elles eurent à souffrir de la guerre de 30 ans qui suivit bientôt; une première partie de leur contenu fut emportée par les Saxons à Dresde, une autre partie fut emportée par les Suédois; ce qui restait encore fut dispersé plus tard sous le règne de Marie Thérèse et de Joseph II.

Les plus belles pièces allèrent enrichir la collection d'Ambras[***]) (Ambraser Sammlung) où bien furent transportées dans les galeries de Vienne. Les derniers débris de ces collections, conservés encore au château royal de Prague, dans la salle dite de Wladislaw y étaient désignés comme „Vieux fouillis"[****]).

---

[*]) „Hofkriegsrath": un conseil qui en Autriche, jusque vers le milieu de ce siècle fonctionnait en guise de ministère de la guerre.

[**]) Rodolphe II, fils de Maximilien II et de Marie d'Autriche, fille de Charles Quint, né à Vienne en 1552, empereur à partir de 1576 fixa sa résidence définitive à Prague où il ne conféra plus qu'avec des astronomes, des savants et des artistes; il mourut en 1612.

[***]) „Ambraser Sammlung." Cette collection d'armures authentiques et d'antiquités conservée dans le château d'Ambras près Innsbruck (Tyrol) fut fondée au XVIe siècle par l'archiduc Ferdinand comte du Tyrol, 2me fils de l'empereur Ferdinand I et époux de la belle Philippine Welser. En 1806, en prévision de l'occupation bavaroise, elle fut transférée à Vienne où elle occupe encore actuellement les galeries du Belvédère inférieur.

[****]) On trouve parmi les manuscrits de la bibliothèque impériale de Vienne deux catalogues des Collections Rodolphines de Prague. Le plus récent sous le no. 13957 C. M. Supp. 1426 est signé Frantz Hrzan et daté: Prague 5 Octobre 1737; il ne contient rien rappelant mon horloge. Le plus ancien sous le no. 8196 dont le contenu se trouve reproduit dans sa partie essentielle dans: Jos. Chmel. Die Handschriften der k. k. Hofbibliothek in Wien etc., Wien 1841, Carl Gerold, in 8. — (Tome. II, page 9) est dépourvu de signature et de date, comme presque tous les documents du temps et paraît avoir été dressé vers 1621 après les premiers pillages; il mentionne une dizaine d'horloges, mais en les décrivant à peine.

En 1782 l'empereur Joseph II ordonna la vente aux enchères de ce soidisant „fouillis“; les commissaires nommés à cet effet n'avaient aucune connaissance de la valeur de certains objets qui y figuraient encore et qui furent vendus à vil prix[*] au plus offrant. Des témoins oculaires racontent qu'on peut à peine se faire une idée du vandalisme avec lequel on procéda à ces ventes. Il paraît qu'on était très-pressé de faire évacuer les salles en question et que vers la fin des enchères tout ce qui n'avait pas trouvé d'acquéreur fut littéralement „jeté par les fenêtres“.

Un fait est trop connu pour pouvoir être passé ici sous silence: un magnifique torso d'une statue antique, ayant été coté comme „vieille pierre de taille“ fut acheté par un propriétaire de Prague, qui voulait en faire une borne à l'angle de sa maison; un artiste survint encore à temps pour sauver de la déstruction cet objet d'art méconnu, et après l'avoir échangé contre une belle borne neuve, il le vendit pour une fort belle somme au musée de Munich où il se trouve encore.

Du reste un vieux professeur de Prague me raconta lui-même que se promenant un jour sur une route empierrée du Hradschin, il remarqua un cantonnier faisant des rechargements avec une pierre cassée qui attira son attention puisqu'elle se composait de marbres et porphyres polis et finement ouvragés; le cantonnier interrogé sur le lieu de provenance de ce précieux empierrement lui montra dans le coin d'une cour un amas de vases et de figures brisées qui servait à leur fabrication! Comment s'étonner après cela de ce qu'un simple particulier puisse actuellement posséder un ouvrage d'art ayant appartenu à la famille impériale!

Le lecteur me pardonnera ces digressions auxquelles je ne me suis laissé entraîner qu'en poursuivant le but motivant la présente notice et consistant à faciliter les recherches à fin d'obtenir des renseignements, je reviens au fait.

II. CONSTRUCTION DE L'HORLOGE.

Comme on le sait, l'art de l'orfèvre se trouvait au XVe siècle bien plus avancé que celui de l'horloger. Les ouvrages d'orfèvrerie dont nous avons connaissance, nous laissent reconnaître une finesse de travail et un bon goût dans les formes adoptées, que l'on retrouve à peine aujourd'hui; l'émail et la dorure de cette époque semblent résister avec succès à l'outrage des temps [**].

L'horlogerie tout au contraire se trouvait au commencement du XVe siècle encore dans l'enfance de l'art. Les anciens ne connaissaient outre les cadrans solaires que les

---

[*] Jos. Scheiger, Das von Ritter v. Schönfeld gegründete technologische Museum in Wien. Prag 1824. Schönfeld'sche Buchdruckerei, page XV.

[**] M. Viollet-le-duc dans son ouvrage déjà cité „Dictionnaire du mobilier ... etc.“ et à l'article „Orfèvrerie“ mentionne des objets dorés retrouvés dans les fouilles et dont la dorure est encore parfaitement fraîche.

clepsydres à eau et à sable; au moyen age (et au XIe siècle dit-on *) on imagina de substituer à ces appareils primitifs, une machine ayant un poids comme moteur, lequel faisait marcher une série de pièces articulées ou engrenant les unes dans les autres et se terminant par un échappement. Ce fut l'origine des horloges (horologium, oreloge, aureloge, reloge et reloige). Elles se trouvaient déjà au XIIme siècle dans les couvents **) où l'on rapporte qu'elles sonnaient les heures. Ce n'est que vers le commencement du XVe siècle ***) que l'on inventa le ressort en spirale et presque immédiatement après le régulateur in- génieux appelé „la fusée" qui permit de l'appliquer aux horloges comme moteur, en transformant en un effort constant les efforts décroissants qu'un pareil ressort exerce sur ses extrémités d'attache à fur et à mesure qu'il se détend.

Vers 1430, l'époque où fut construite notre horloge, de pareils appareils étaient en- core fort peu connus, et les pièces composant le mouvement telles que roues dentées, bielles, fuseaux etc. . . . . paraissent grossièrement taillés à la main, par un artisan fort peu ex- périmenté.

Le contraste frappant entre le travail de l'orfèvre et celui de l'horloger de cette époque, s'apperçoit également ici sur notre horloge au premier coup d'œil; il a donné à cer- tains amateurs peu connaisseurs, l'occasion d'émettre l'opinion que probablement la chapelle gothique formant l'enveloppe et constituant le travail de l'orfèvre, a dû être primitivement construite pour un reliquaire, un ostensoir ou tout autre chose et que l'horlogerie n'y a été introduite que plus tard: je reviendrai plus loin sur ce point, pour démontrer l'absurdité d'une pareille supposition et j'arrive à décrire la construction même de notre horloge:

L'édifice entier a pour dimensions enveloppes: 0^m,483 × 0^m,210 × 0^m,133, il peut être divisé en trois parties principales à savoir: le socle, la partie centrale comprenant toute l'horlogerie, et les clochers.

Les clochers sont fixés sur une plaque horizontale leur servant de base (dans la figure elle est cachée derrière la balustrade gothique). Cette plaque repose sur un large châssis métallique intérieur formant une sorte de cuve en ∞ dont le fond achève le haut de

---

*) Horloge de l'abbé Guillaume de Hirschau: Allgemeine deutsche Real-Encyclopädie für die gebildeten Stände. Leipzig. F. A. Brockhaus, 1820. 15 vol. in oct. — Tome 10, page 201.

Horloge de Gerbert plus tard pape Sylvestre II. — Voir: Geschichte der Uhren, von Gustav Hertz. Berlin. Nicolai, 1851, in oct. — page 10. 13. et Ferdinand Berthoud: Histoire de la mesure du temps par les horloges. Paris, 1802, 2 Vol. in 4. — Tome I, page 44.

**) en 1120. Voir: Pierre Dubois: Collection archéologique du prince Soltykoff. — Horlogerie. Paris, Victor Didron 1858. 1 Vol. in 4. page 17. — Cet ouvrage mentionne à la page 695 une bibliographie extrêmement étendue rela- tive à l'horlogerie et à son histoire.

***) En France au plus tard sous Charles VII: Dubois, collection Soltykoff; page 71. — En Angleterre peut-être plus tôt. Voir à ce sujet: Beyträge zur Geschichte der Erfindungen. Leipzig. Paul Gotthelf Kummer, 1786. I vol. page 305 traduit de: Barrington, Archæologia or miscellaneous tracts relating to antiquity published by the society of antiquaries of London. Vol. V. 1779. 4. p. 416: — Vers 1770 on trouva près du château de Bruce dans le Fife-shire une montre de poche à boite d'argent finement ouvragée qui fut donnée ensuite au roi d'Angleterre; le cadran recouvert d'un couvercle en corne transparente porte l'inscription: „Robertus B. rex Scottorum" qui ne peut se rapporter qu'à Robert Bruce roi d'Écosse à partir de 1305 mort en 1328. — Voir à ce sujet la fin de cette notice; même si l'on fait abstraction de cette prétendue montre il paraît bien possible que l'invention des ressorts nous soit venue d'Angleterre.

la partie centrale de l'horloge; elle se trouve fixée sur cette cuve au moyen de 4 verrous et de 4 chevilles surmontées des 4 petits lions placés sur le pourtour de la balustrade. Le châssis en guise de cuve forme à sa partie inférieure un plafond décoré en voutes gothiques, lesquelles retombent sur les trois colonnes qui se trouvent au milieu de la partie centrale; à sa partie supérieure il renferme dans son creux les deux balanciers des échappements à recul (et roue de rencontre) dont il sera parlé plus loin et qui se trouvent recouverts par la plaque de base des clochers; sur son pourtour enfin il est percé d'un grand nombre de trous, servant à fixer sur lui au moyen de chevilles à œil et à coin, toutes les pièces de la décoration gothique extérieure à savoir: toutes les parties de la balustrade et les extrémités supérieures des 4 grands contreforts gothiques extérieurs, de la partie centrale.

Ces 4 contreforts ainsique les trois colonnes du milieu, formant les supports principaux de la partie centrale, sont tous fixés à la partie inférieure sur une plaque horizontale de base, au moyen de chevilles à œil et coin. A cette plaque se trouvent également fixées d'une manière semblable toutes les autres pièces immobiles de l'horlogerie, dont une partie à savoir: les ressorts et le timbre de la sonnerie, se trouvent (invisibles dans la figure) au dessous, dans le creux du socle.

Cette plaque formant la base de la partie centrale et de tout l'édifice supérieur, repose sur une large pièce intérieure, formant le châssis résistant du socle sur lequel elle est fixée au moyen de deux chevilles surmontées des deux petits lions visibles sur les faces latérales.

Ce large châssis intérieur du socle est percé sur son pourtour d'un grand nombre de trous servant à fixer sur lui au moyen de chevilles à œil et coin, toutes les parties de la décoration du socle ainsique les 4 pieds fixés aux angles et qui supportent tout l'édifice.

En résumé on sépare facilement la construction entière en ses trois parties principales:

1. en détachant la plaque horizontale supérieure au moyen des 4 petits lions de la balustrade;

2. en détachant la plaque horizontale inférieure au moyen des 2 petits lions des faces latérales.

Ce qui forme donc pour ainsi dire le squelette résistant de tout l'édifice ce sont, d'après ce qui précède: les deux plaques de base horizontales, les larges châssis intérieurs sur lesquels elles reposent et enfin les trois colonnes du milieu et les 4 grands contreforts du pourtour de la partie centrale de l'horloge, qui relient les châssis et plaques entre eux.

J'ajoute enfin encore à ces explications que dans toute la construction toutes les pièces diverses sont assemblées entre elles au moyen de chevilles à œil et coin; on ne retrouve dans tout l'édifice que 4 vis, elles sont taillées à la main sur les 2 chevilles surmontées de petits lions fixant la plaque horizontale inférieure (comme il a été déjà expliqué) puis sur les chevilles portant les 2 lions au sommet des clochers.

L'usage si commode des assemblages à vis qu'on obtient au taraud et à la filière, était encore inconnu aux artisans de l'époque considérée.

III. HORLOGERIE.

L'horlogerie est renfermée dans la partie centrale de l'édifice et ses parties immobiles sont toutes fixées à la plaque horizontale inférieure au moyen de chevilles à œil et coin; elle se compose de **deux mouvements entièrement séparés**: celui de l'aiguille placé sur la droite et celui de la sonnerie placé sur la gauche; on les remontait chaque jour.

Chacun de ces mouvements possède un **ressort moteur en spirale** et une **fusée à axes horizontaux**[*] pour le régulariser puis une série de rouages et un échappement dit à recul et roue de rencontre (où encore dit à fuseau, en allemand „Spindel-Unruhe"). De part et d'autre c. à d. dans les deux mouvements, le tambour cylindrique de la fusée et le ressort fixé sur son axe, se trouvent audessous de la plaque de base horizontale tandisque le tambour conique respectif se trouve audessus de cette plaque dans les jolies petites maisonnettes que l'on apperçoit latéralement et qui se trouvent surmontées de part et d'autre d'une colonne[**] creuse contenant le fuseau de l'échappement respectif (c. à d. l'axe du balancier dont le volant se trouve dans le creux supérieur ménagé sous la plaque horizontale servant de base aux clochers).

Dans l'intérieur de chacune de ces maisonnettes une ouverture pratiquée dans la plaque de base horizontale inférieure, donne passage à une corde musicale qui s'enroule sur les deux tambours de la fusée respective. De part et d'autre l'axe tu tambour conique de la fusée porte sur la face centrale de la maisonnette la première roue d'engrenage, et sur la face opposée c. à d. du coté extérieur où se trouvent les lions, un disque percé de trous destinés à recevoir une clef spéciale et servant de remontoir. Une petite roue à rochet et clapet fixée sur le même axe transmet la rotation du tambour à la première roue d'engrenage dans le sens direct seulement et permet de remonter le mouvement en tournant le tambour à l'aide de la clef dans le sens inverse[***].

---

[*] Voir pour de plus amples explications:

1. Delaunay membre de l'Institut: Cours élémentaire de mécanique. — Paris, Victor Masson, 1857, in 8. Page 257.
2. Astronomie populaire par François Arago. — Paris, Gide, 1857, 4 vol. in 8. — Tome I, livre II, page 52—70.
3. Ferd. Berthoud: Histoire de la mesure du temps par les horloges. Paris 1802, 2 vol. in 4.
4. M. L. Moinet: Traité d'horlogerie théorique et pratique. Paris 1848, 2 vol. in 8.
5. Pierre Dubois: Histoire et traité de l'horlogerie ancienne et moderne etc. . . . . Paris 1850, 1 vol. in 4.
6. Gustav Hertz: Geschichte der Uhren. Berlin 1851, in 8. Nicolai.
7. André Lepaute: Traité d'horlogerie. Paris 1755, in 4 (nouv. édit. 1767).
8. D. Johann Georg Krünitz's ökonomisch-technologische Encyklopädie. 193. Theil. Berlin 1847.

[**] Deux des trois colonnes mentionnées plus haut; — la troisième au centre de l'horloge est également creuse et forme aussi une pièce essentielle du squelette résistant de tout l'édifice.

[***] Ce système que l'on trouve surtout dans les montres de poche jusqu'au commencement de ce siècle, offre l'inconvénient d'intercepter la tension du ressort sur les rouages du mouvement, pendant le temps où l'on le remonte. inconvénient auquel on remédie aujourd'hui par l'emploi d'un encliquetage complexe armé d'un ressort auxiliaire intérieur (Delaunay., page 264).

Voici maintenant ce qui concerne chacun des deux mouvements d'horlogerie spécialement.

Le mouvement de l'aiguille comporte trois roues de transmission (la 1re sur l'axe du tambour conique de la fusée) ayant respectivement 60, 54 et 48 dents égales et engrénant avec trois pignons égaux à 6 dents dont le dernier porte sur son axe la roue de rencontre qui avec le fuseau constitue l'échappement à recul *) (et roue de rencontre) et porte 21 grandes dents taillées en rochet et de champ sur son plan, lesquelles viennent frapper haut et bas les deux petites palettes du fuseau et correspondent à autant d'oscillations complètes de ce dernier.

D'après cela la première roue faisant un tour en cinq heures, le nombre d'oscillations complètes (aller et retour) que fait le fuseau par heure sera: $\frac{1}{5} \cdot \frac{60}{6} \cdot \frac{54}{6} \cdot \frac{48}{6} \cdot 21 = 3024$; la durée d'une oscillation complète en secondes sera donc: $\frac{3600}{3024} = \frac{25}{21}$ secondes.

Le balancier qui est d'assez grande dimension (49 millimètres) est formé d'une couronne circulaire reliée par 2 bras (ou un diamètre) seulement à son axe ou fuseau, lequel est suspendu à la partie supérieure à une petite potence à l'aide d'un fil et se prolonge à la partie inférieure dans la colonne creuse respective (partie centrale de l'horloge) où il porte les deux palettes de rencontre qui passent à travers deux échancrures pratiquées dans la colonne creuse et viennent frapper alternativement les dents de la roue de rencontre. Pour régler le mouvement c. à d. amener les oscillations à avoir la durée voulue, on n'avait alors à sa disposition qu'un seul moyen consistant à augmenter où diminuer la masse du balancier (plus exactement le moment d'inertie matériel du balancier) ce que l'on trouve effectué ici au moyen de feuilles métalliques enroulées symétriquement aux extrémités du diamètre.

Pour achever la déscription de ce mouvement d'horlogerie, j'ajoute enfin que le mouvement de l'axe du tambour conique de la fusée ou de la 1re roue, lequel fait un tour en cinq heures, se transmet dans la partie centrale de l'horloge au moyen d'une roue et d'un pignon d'angle à un axe horizontal perpendiculaire qui aboutit à la partie inférieure du cadran et communique son mouvement à l'aiguille unique, au moyen d'un engrenage proportionné, de façon que celle ci fait un tour en 12 heures.

Le second mouvement celui de la sonnerie, est de la plus grande simplicité et ne comporte que deux roues de transmission **) (la première sur l'axe du tambour conique de la fusée) ayant respectivement 52 et 48 dents égales et engrénant avec 2 pignons égaux à 8 dents dont le dernier porte sur son axe la roue de rencontre à 21 dents de l'échappement disposé exactement comme celui du mouvement de l'aiguille dont il a été déjà parlé.

---

*) Cet échappement était usité encore au commencement de ce siècle, mais il comportait depuis 1674 le perfectionnement important qu'y avait introduit Huygens c. à d. un ressort en spirale très-fin adapté à l'axe du balancier et qui en régularise les oscillations.

L'application du pendule aux horloges était plus ancienne et fut imaginée par le fils du célèbre Galilée en 1649 selon les uns, ou par Huygens en 1657 selon les autres. Les échappements libres à cylindre et à ancre etc. sont de date bien plus récente.

**) La même construction paraît avoir été adoptée pour l'horloge exécutée pour Charles V au palais de Paris par Henry de Wick en 1370 — voir: Berthoud, tome I, page 66, Hertz: p. 18.

La première roue fait un tour complet pendant que toutes les heures de 1 à 12 sont sonnées, la seconde fait dans le même temps (d'après le nombre des dents) $\frac{52}{8} = \frac{13}{2}$ tours.

Ces deux roues constituant la transmission, fonctionnent en même temps comme pièces de sonnerie la première pour régler le nombre de coups du marteau la seconde pour les frapper. Cette dernière porte à cet effet sur sa circonférence 12 chevilles normales à son plan et également espacées au moyen desquelles elle soulève en tournant la queue du marteau, qu'un ressort fait ensuite retomber sur un timbre fixé au-dessous de la plaque de base horizontale, dans le creux du socle. Chaque coup de sonnerie exige d'après cela $\frac{1}{12}$ de tour de cette deuxième roue ou bien $\frac{1}{12} \cdot \frac{2}{13} = \frac{1}{78}$ de tour de la première roue *), ou bien encore $\frac{1}{12} \cdot \frac{48}{8}$ ou $\frac{1}{2}$ tour de la roue de rencontre de l'échappement c. à d. $\frac{21}{2}$ oscillations complètes (aller et retour) du balancier **).

Pour régler le nombre de coups à frapper aux heures successives on à percé dans la couronne de la circonférence de la première roue dite „roue de compte" 12 trous dont les centres la divisent en espaces inégaux qui en sont les $\frac{1}{78} \cdot \frac{2}{78} \cdot \frac{3}{78} \cdots \frac{11}{78} \cdot \frac{12}{78}$ respectivement. Une pointe formant partie du système de leviers constituant la détente, pénètre dans un de ces trous lorsqu'il y a repos, ou vient rencontrer l'espace plein laissé entre les trous lorsqu'il y a sonnerie; cet espace plein étant successivement $\frac{1}{78} \cdot \frac{2}{78} \cdot \frac{3}{78} \cdots$ de la circonférence totale on conçoit que la détente étant levée il y aura successivement $\frac{1}{78} \cdot \frac{2}{78} \cdot \frac{3}{78} \cdots$ du nombre total de coups en 12 heures (qui est de 78) c. à. d. 1, 2, 3 .... coups de frappés avant que la pointe ne puisse de nouveau pénétrer dans un trou de la roue et arrêter le mouvement. Je dois mentionner du reste à ce sujet un petit perfectionnement dans le système de détente adopté, d'après lequel ce n'est point la pointe en question qui en entrant dans le trou de la roue de compte arrête la sonnerie (cet arrêt serait trop dur) mais bien plutôt un autre levier de la détente, qui parsuite de l'enfoncement de la pointe opère un mouvement correspondant et vient intercepter l'une des 12 chevilles de la deuxième roue, ce qui donne un arrêt beaucoup plus doux.

C'est du reste encore cette détente qui relie entre eux les deux mouvements d'horlogerie entièrement indépendants que nous venons de décrire successivement: l'axe de l'un de ses leviers se prolonge en effet sur le coté de droite jusqu'au devant de la première roue du mouvement de l'aiguille (celle qui se trouve sur l'axe de la fusée et qui fait un tour en 5 heures) laquelle est armée de cinq chevilles normales à son plan et également espacées.

---

*) On vérifie que la somme des nombres de coups frappés en 12 heures qui est de $1 + 2 + 3 + \dots + 11 + 12 = 78$ donne alors bien un tour complet de la première roue ce qui justifie l'engrenage adopté.

**) L'intervalle entre les coups paraît être de fait d'environ 2 secondes, le balancier fait donc environ $\frac{21}{2} \cdot \frac{1}{2}$ ou à peu près $5\frac{1}{4}$ oscillations complètes par seconde.

A chaque heure l'une de ces chevilles vient soulever un bras calé sur l'axe de la détente dont nous venons de parler, et fait partir le mouvement de la sonnerie.

Pour mettre le mouvement de la sonnerie d'accord avec celui de l'aiguille on lève la détente à la main et on laisse sonner les heures successives jusqu'à ce que la correspondance soit établie; les deux mouvements abandonnés ensuite à eux mêmes continuent évidemment à rester d'accord *).

Je dois enfin en terminant cette déscription de l'horlogerie faire mention d'un mécanisme actuellement incomplet et qui dans l'origine faisait partie du mouvement de la sonnerie; il avait pour but de faire monter alternativement à chaque coup de sonnerie de petites figures dans les deux tourelles dont on aperçoit les crénaux derrière le haut du cadran à l'avant et à l'arrière de la colonne centrale ainsi que dans le kiosque visible entre les deux clochers. Une roue calée à cet effet sur l'axe de la deuxième roue du mouvement (celle qui frappe les coups avec $\frac{1}{12}$ de tour par coup) subsiste encore actuellement, elle a environ 24 millimètres de diamètre et l'on voit au dessus et au dessous les trous des axes de deux roues plus petites ou pignons avec lesquels elle engrénait et qui paraissent avoir eu environ $\frac{1}{3}$ de son diamètre.

Dans cette supposition un coup de sonnerie corresponderait à $\frac{1}{12} \cdot \frac{3}{1} = \frac{1}{4}$ de tour de ces pignons **), dont celui du bas correspondait aux deux tourelles, tandisque celui du haut agissait sur une tige verticale allant dans la colonne centrale au kiosque supérieur.

---

*) Un pareil système que l'on retrouve dans toutes les anciennes horloges et montres à sonnerie, n'est plus usité maintenant que pour les sonneries les plus ordinaires. L'idée des horloges et montres de poche dites à répétition dues à Barlow en 1676 et qui furent d'un usage très-répandu jusqu'à l'invention des allumettes chimiques, devait naturellement faire abandonner l'idée de deux mouvements d'horlogerie indépendants l'un de l'autre et amener à ce perfectionnement consistant à rendre la roue qui dans le mouvement des aiguilles fait un tour en 12 heures, entièrement solidaire avec celle qui dans la sonnerie règle le nombre de coups. Cette dernière prend alors la forme d'un excentrique en escalier circulaire à 11 crans égaux dit „le limaçon" c. à d. d'un disque découpé en 12 secteurs circulaires de 30° chacun et dont les rayons diminuent successivement de 1 cran jusqu'à une diminution totale des 11 crans. Voir: Ferd. Berthoud, tome I, page 151.

Lorsque la détente est levée une sorte de secteur circulaire à grand rayon, armé de 13 dents dit „le râteau" et se mouvant dans le plan de l'escalier dit limaçon, retombe sur celui-ci d'autant de dents qu'il y a eu déjà de diminutions de rayon plus une, c. à d. qu'il y a eu déjà d'heures écoulées. Le mouvement de la sonnerie parti en même temps, engrène avec l'arc denté du râteau au moyen d'un pignon armé d'une seule dent (et faisant un tour par coup de marteau) et le fait remonter jusqu'à la dernière dent qui arrête la sonnerie; cette dernière aura alors sonné un nombre de coups égal au nombre de dents dont le râteau sera remonté c. à d. égal au nombre de diminutions de rayon plus une que comporte la position respective du limaçon c. à d. enfin égal au nombre d'heures écoulées. La sonnerie des quarts s'effectue à l'aide d'un mécanisme analogue.

**) La roue qui subsiste encore, porte en réalité 32 dents; de là l'impossibilité d'avoir exactement le rapport $\frac{3}{1}$; il semble que l'horloger aura pris $\frac{32}{12} = \frac{8}{3}$ au lieu de $\frac{9}{3}$ pour avoir des divisions plus commodes. Un coup de sonnerie donnerait alors:

$$\frac{1}{12} \cdot \frac{8}{3} = \frac{2}{9} \text{ de tour, ou } \frac{1}{4} - \frac{1}{36} \text{ de tour, du pignon. La différence entre ce rapport et } \frac{1}{4}$$

exact, est insignifiante pour le but proposé.

On se figure en effet très-bien à l'intérieur de la maisonnette centrale reliant les deux tourelles, un balancier convenable, fixé au centre, recevant alternativement des impulsions de quatre chevilles fixées convenablement sur l'axe du pignon inférieur et d'un ressort, et agissant par ses extrémités sur les tiges verticales mobiles qui se trouvent encore actuellement dans les tourelles et dont les extrémités inférieures sont munies de petites dents en crémaillère devant engrener avec ce balancier supposé, tandisque les extrémités supérieures portent des socles, évidemment destinés à recevoir les figures. On se représente encore plus facilement la tige verticale mobile dans l'intérieur de la colonne centrale, portant à son extrémité supérieure la figure devant se mouvoir dans le kiosque et recevant son mouvement au moyen d'un petit plan incliné qu'elle portait à l'extrémité inférieure et sur lequel agissaient alternativement les quatre chevilles fixées sur le pignon respectif.

Cette idée des trois figures mobiles sonnant les heures, répond du reste fort bien à l'esprit de ce temps où l'artisan recherchait de pareils artifices pour se faire remarquer des grands seigneurs.

Très-probablement ce mécanisme qui occasionnait trop de frottements et nécessitait des nettoyages et réparations continuelles aura été supprimé dans la suite, pendant que l'horloge se trouvait encore en service.

IV. ORFÈVRERIE.

Les principales pièces d'orfèvrerie constituant la décoration extérieure de tout l'édifice à savoir: les 4 pieds aux angles du socle et les nervures horizontales intermédiaires, les 4 grands contreforts de la partie centrale, les 8 contreforts, les rampants et nervures inclinées des clochers, toutes les pièces formant les nervures verticales, les pendentifs les frontons gothiques et la balustrade de la galerie supérieure, les 12 lions, les 2 briquets de l'ordre des chevaliers de la toison d'or, les 8 petites statuettes des grands contreforts etc.... ont été fondues séparément d'après des modèles exécutés préalablement (sans doute en bois ou en pâte molle) puis réunies au moyen de rivures en parties plus grandes assemblées ensuite au moyen de chevilles à œil et coin avec le châssis résistant intérieur.

Sur plusieurs parties de ces pièces fondues telles que les nervures inférieures horizontales du socle, les faîtes inclinés de tous les contreforts, les clochers, les gables (frontons gothiques), les pendentifs, les festons de faîte etc.... on a ajouté au moyen de soudures faites à chaud, une décoration de feuilles et crochets très-finement bosselés.

Les parties plates telles que les 4 faces verticales du socle, la partie centrale du cadran, les 10 faces verticales formant le fond sur lequel se détache la décoration de la galerie, les 8 faces verticales des clochers etc..... sont formées des plaques découpées suivant des profils convenables puis superposées et réunies au moyen de rivures.

Toutes ces diverses parties de l'orfèvrerie sont achevées par une ciselure très-fine et fortement dorées plusieurs fois (la première dorure ayant été faite avant la rivure). Cette dorure se trouve actuellement encore parfaitement fraiche.

Quant aux motifs des ornements constituant la décoration extérieure, je citerai ici l'opinion d'un spécialiste distingué *): „L'architecture de toute la construction montre encore le style sévère du XIVe siècle. Le modèle en forme de flamme que l'on trouve dans le tracé des guimberges de fronton et des panneaux, indique le commencement du XVe siècle **) mais ne comporte nulle part, pas même sur le cadran, le caractère du flamboyant ***) qui domine dans les constructions postérieures à cette première partie du XVe siècle.

De même les crochets ****) applatis qui ne sont plus aussi sévères et mesurés qu'au XIVe siècle et n'ont pourtant pas la forme outrée à laquelle ils arrivent dans le courant du XVe, indiquent également le commencement du XVe siècle."

V. RÉPONSE À QUELQUES OBJECTIONS.

1. On a émis l'opinion que la chapelle gothique constituant l'enveloppe décorative de l'horloge a dû être construite dans l'origine pour un reliquaire, un ostensoir ou tout autre objet d'un caractère religieux, et que l'horlogerie qui est d'un travail beaucoup moins fini, y a été introduite plus tard.

Je ferai observer d'abord que vers le commencement du XVe siècle le travail de l'orfèvre avait déjà atteint un haut degré de perfection tandisque celui de l'horloger se trouvait encore dans l'enfance de l'art; nous en trouvons la preuve en examinant les horloges datant de cette époque et même d'une époque encore postérieure qui montrent un travail

---

*) Joseph Wastler: professeur de géométrie appliquée à l'université i. r. de Graz (k. k. technische Hochschule) membre de la commission pour l'examen des ingénieurs civils etc. etc. . . . .

**) Voir: Viollet-le-duc: Dictionnaire raisonné de l'architecture française du XIe au XVIe siècle. Paris 1854—1868. 10 vol. in 8.
Tome I, page 469: armoire de pierre du commencement du XVe siècle dans l'église abbatiale de Souvigny. T. IX. p. 269. Tribune close pratiquée au commencement du XVe siècle dans le mur de face du bas côté de l'église abbatiale de Monvilliers (Seine infre). — Les tracés de cette époque diffèrent essentiellement de ceux du XIVe siècle qui n'admettaient que l'ogive et le cercle; la flamme comporte à sa racine un appendice circulaire.

***) Viollet-le-duc: T. VII. p. 197: Piscine de l'une des chapelles latérales de l'église de Sémur en Auxois et T. VI. p. 340. Meneau du chœur de l'église d'Eu du milieu du XVe siècle. T. IX. p. 338. Portail principal de la cathédrale de Tours de la fin du XVe siècle: Les tracés comportent des profils plus élancés des contrecourbes fréquentes et des flammes plus allongées ayant à leur base un appendice en contre-flamme.

****) Crochets: feuilles sur les rampants et faites des gables et des arcs-boutants: Viollet-le-duc T. IV. p. 415.

souvent plus grossier encore ou n'ont même pas de fusée pour régulariser les effets des ressorts moteurs*).

Le contraste évident entre l'orfèvrerie et l'horlogerie est donc ici fort naturel pour le véritable connaisseur. On remarquera maintenant que les trois colonnes intérieures de la partie centrale de la chapelle qui forment une **partie intégrante essentielle de l'horlogerie**, puisqu'elles supportent les chapes de tous les rouages et que deux d'entre elles contiennent dans leur creux les fuseaux des deux échappements, forment en même temps une **partie intégrante essentielle de la chapelle gothique** toute entière, puisque c'est sur leurs trois chapiteaux que retombent toutes les voûtes qui couvrent et décorent la partie centrale de l'horloge, et puisque la colonne centrale renfermant l'axe mobile allant au kiosque, forme aussi une partie essentielle du squelette résistant intérieur, de tout l'édifice.

La présence de cette colonne centrale rend encore tout à fait **absurdes les hypothèses d'un ostensoir, d'un reliquaire** etc..... qui impliqueraient l'existence **d'un creux au centre.**

Si l'on remarque en outre que les deux gentilles maisonnettes contenant les fusées, les deux tourelles à créneaux contenant les figures qui montaient et descendaient lorsque l'horloge sonnait les heures, et d'autres pièces encore, forment également partie essentielle à la fois de l'horlogerie et de la décoration intérieure de la chapelle, si l'on considère que les espaces creux ménagés tant à la partie supérieure sous la plaque horizontale formant la base des clochers, qu'à la partie inférieure, sous la plaque horizontale formant la base de la partie centrale, s'adaptent exactement aux parties de l'horlogerie qu'elles renferment, on sera de plus en plus convaincu que l'horloge **toute entière dans toutes ses parties a été construite à une même époque, d'après un même plan et une même idée** longuement étudiés jusque dans les plus petits détails.

2. On a émis l'opinion que le cadran pouvait avoir été changé.

Je ne trouve aucun motif plausible pour le supposer car sa construction et particulièrement le goût, la façon et la structure même des ornements de sa partie centrale sont entièrement conformes au travail de toutes les autres parties de l'édifice.

Les **caractères gothiques** constituant les chiffres romains de ce cadran d'autre part, sont exactement ceux usités vers le commencement du XV° siècle ainsi que j'ai eu l'occasion de le vérifier en les comparant à ceux d'un débris de calendrier sur parchemin, de cette époque; il suffit du reste de consulter à ce sujet les manuscrits, cachets et inscriptions

---

*) On ne rencontre en général que les montres de poche comme horloges de cette espèce. Les œufs de Nuremberg construits par Peter Hele vers 1500 (dont je possède moi-même un exemplaire) comportent un mouvement de sonnerie indépendant avec roue de compte et un mouvement d'horlogerie à une aiguille dépourvu de fusée. On retrouve encore longtemps la même construction dans les montres construites plus tard dans le courant du XVIe siècle et dont j'ai eu occasion de voir beaucoup d'exemples d'un travail déjà beaucoup plus soigné. Il paraît manifeste que c'est le manque de place surtout, qui s'opposait à l'emploi de la fusée déjà connue depuis longtemps, car ce n'est que plus tard lorsqu'a fabriqua des montres mieux travaillées et sans sonnerie qu'on y admit la fusée à corde à boyaux, plus tard à chaîne. Les sonneries supprimées pendant longtemps reviennent à la mode plus tard après l'invention de la répétition c. à d. après 1676.

du temps ainsique les ouvrages spéciaux dans lesquels on a enregistré par ordre chrono-
logique les fac-similés de toutes les lettres et tous les chiffres usités au moyen âge*).

3. On a enfin émis l'idée que la dorure de l'orfèvrerie avait été récemment
rafraichie dans la partie centrale de l'horloge dont certaines pièces paraissent effectivement
très-brillantes et ne montrent presque pas de traces du passage de plusieurs siècles.

Examinant les choses de plus près j'ai remarqué que sur toutes les parties
saillantes telles que les clochers les contreforts les pieds du socle etc.... la dorure est denuée
d'éclat ou avariée, et que toutes les facettes où elle se fait encore remarquer par un éclat
presque moderne, se trouvent dans les creux où l'usure est bien plus difficile.

J'ajoute que depuis le moment, où au commencement de ce siècle cet objet d'art se
trouvait dans les collections du prince Edouard de Collalto, nous avons la certitude qu'il a été
conservé sous globe de verre; on peut supposer qu'il l'était depuis bien plus longtemps encore,
et que pour le moins a partir du milieu du XVII siècle il était conservé dans des armoires
vitrées, puisque vers cette époque déjà les progrès de l'horlogerie étaient tels que l'on ne
peut plus admettre que ce mouvement d'horlogerie si imparfait, se soit encore trouvé en service.

Si l'on considère en outre qu'il s'agit ici de cette dorure si soignée polie et
durcie au brunissoir dont M. Viollet-le-duc raconte qu'elle fut trouvée encore très-
fraiche sur des objets retrouvés dans des fouilles tout comme sur ceux conservés dans les
musées, on comprendra facilement que ce bel état de conservation qui choque les incrédules,
n'est qu'une conséquence de la qualité du travail d'une part et du soin tout particulier d'autre
part, avec lequel cet objet d'art a été soustrait aux causes ordinaires d'usure et de destruction.

Je puis citer du reste à ceux qui en douteraient encore, comme un exemple bien plus
remarquable encore, de dorure bien conservée, les armoiries et peintures de ce précieux
volume no. 2606 de la bibliothèque impériale de Vienne déjà mentionné plus haut.

Ce volume paraît avoir été copié pour Charles-quint vers 1520**) car on y trouve
reproduites par une même main très-habile les ordonnances, peintures et armoiries concernant
l'ordre de la toison d'or jusqu'en 1518 (époque à laquelle le livre a passé en d'autres mains)
la première commençant en ces termes:

„Heippe par la grâce de Dieu duc de bourgogne de lotrich de brabant et de
lembourg conte de flandres .... etc..... le Xe jour du mois de janvier de l'an de notre

---

*) Jos. Ludw. Walthers: Lexicon diplomaticum, abreviationes syllabarum et vocum in diplomatibus et codicibus
a seculo VIII ad XVI usque occurentes exponens, junctis alphabetis et scripturae speciminibus integris. —
Gottingae, apud Jo. Pet. et Jo. Wilh. Schmidios fratres, MDCCXLV. in fol. Tab. LXXXII. CCVI. CCXVII.
Cependant le X gothique caractéristique ne s'y trouve point, je renvoie à ce sujet aux documents suivants.

𝔓 1. Cachet apposé sur un document émanant de Frédéric comte de Cilli et Ortenburg — datant de 1442.
— Graz, Landesarchiv Nr. 5959.

𝔓 2. Cachet apposé sur un document émanant de Frédéric au gousset vide, duc d'Autriche — datant de 1426. —
Graz, Landesarchiv Nr. 5080. En France, sans aucun doute, on retrouverait bien plus facilement de nombreux
points de comparaison.

**) G. F. Waagen: Die vornehmsten Kunstdenkmaler in Wien. — Wien, Braumüller, 1866, 2 vol. in 8. —
T. II. page 96.

seignr 1429 qui fut le jour du mariage de nous et de notre très-chère et très-amée compaigne Elizabeth en nre ville de Bruges avons prins créé et ordonné et par ces présentes créons et ordonnons et prenons ung ordre et fraternité de chevalerie ou amiable compaignie de certain nombre de chevaliers que voulons estre appellée l'ordre de la thoyson d'or soubs la forme condicions, statuts, manires et articles qui s'ensrèvent . . . ." Le travail qui suit est extrèmement remarquable; on voit en particulier

feuille 55, le portrait de Philippe-le-bon 1429
      „   70   „   „   de Charles-le-téméraire . . . . prom. 1468
      „   76   „   „   de Maximilien I d'Autriche . prom. 1478
      „   83   „   „   de Philippe-le-beau d'Autriche prom. 1481
      „   92   „   „   de Charles-quint . . . . . . prom. 1516

à la suite des portraits des ces princes viennent leurs armoiries ainsi que celles des autres chevaliers de l'ordre promus en même temps. L'or des armoires possède encore un éclat pouvant défier celui des dorures modernes et les portraits sont d'une finesse d'exécution d'un coloris et d'une fraicheur faisant honte aux miniatures modernes.

On trouve du reste dans la bibliothèque impériale de Vienne d'autres manuscrits aussi bien ou même encore mieux conservés, parmi lesquels je cite[*]:

No. 1855, grand in 4. à 261 feuilles. Livre de prières datant de 1416 à 1420. Ce précieux volume qui montre dans les armoiries de la feuille 95, l'écusson de France avec les 3 fleurs de lys, provient de la fille de l'empereur Maximilien II, Elisabeth qui le rapporta à Vienne après la mort de son époux Charles IX de France (31 Mai 1574).

No. 2533, à 17 feuilles. Histoire des rois de Jerusalem jusqu'en 1210 écrite de 1430 à 1447 pour Philippe-le-bon.

No. 2549, in fol. à 197 feuilles. Traduction française de l'histoire de Gérard de Roussillon pour Philippe-le-bon terminée le 16 Juin 1447 et provenant de la main de Jean Vauquelin, principalement.

No. 2583, in fol. à 335 feuilles. Livre des privilèges de la ville de Gent datant de 1454 environ. — Les peintures de la bordure sont d'un goût bien meilleur et plus ancien que celles des images même et rappellent par leurs fonds en échiquier, par l'emploi de l'or en feuilles pour les dorures, et par les ornements et dessins adoptés, le bréviaire du duc de Bedford de Paris datant de 1424 (voir plus loin). On retrouve dans ces bordures les armoiries de Philippe-le-bon avec la fleur de lys centrale dans l'écusson de Bourgogne moderne, absolument comme sur mon horloge et sur le couteau de la chambre du trésor à Vienne (fig. 3).

La bibliothèque nationale de Paris (rue Richelieu) contient également un grand nombre de manuscrits de ce genre[**]) et dont les suivants datent d'une époque fixée d'une manière assez précise:

[*]) G. F. Waagen déjà cité: Tome II, pages: 70, 40, 44, 46.
[**]) G. F. Waagen: Kunstwerke und Künstler in England und Paris. 3 vol. in 8. Berlin, Nicolai, 1839. Voir particulièrement la critique intéressante. Tome III, p. 338 et 351. — Les numéros cités de la bibliothèque royale de 1839 sont: Mss. franç. 6829, suppl. franç. 2015, Mss. lat. 919, Mss. lat. 82, Mss. franç. 6976 et 6977, Mss. franç. 8024, suppl. franç. 540.2, dans l'ordre des numéros actuels du texte.

Franç. no. 166. Bible en images de Philippe-le-hardi duc de Bourgogne datant environ de 1398.

Franç. no. 13091. Psautier latin-français in fol. du duc Jean de Berry datant de 1401.

Latin. no. 919. Livre de prières (heures) in fol. du duc Jean de Berry, contenant des peintures extrêmement remarquables de la main de Jaquevrart et Hodin et terminé en 1409.

Latin no. 17294, grand in 8. Bréviaire du duc de Bedford *) régent de France pour les Anglais. Cet ouvrage est parmi les objets d'art du commencement du XVe siècle l'un des plus remarquables que l'on connaisse. Les 45 images qu'il contient paraissent provenir principalement de la main des frères van Eyck **); d'après une inscription sur la 2me page du calendrier „Anno domini millesimo quadringentesimo vicesimo quarto. Et fuit latera dominicalis. Amen." ce manuscrit parait avoir été terminé en 1424, mais en tout cas il a dû être fait entre les années 1422 et 1435 qui limitent la régence du duc de Bedford.

Franç. 356 et 357. Roman (de la table ronde) de Giron le Courtois datant environ de 1430.

Franç. 2257. Manuscrit sur les tournois et combats judiciaires pour un duc de Bretagne datant de 1450.

Franç. 6449, petit in fol. Légende de Ste-Catherine d'Alexandrie avec 34 images écrite pour Philippe-le-bon en 1457.

VI. CONCLUSION.

En terminant je me permets de faire appel à l'obligeance de mes lecteurs: Savants, artistes, historiens, amateurs . . . . eux tous peuvent trouver quelque intérêt à concourir avec leurs connaissances ou avec les collections et documents dont ils disposent, à la recherche des renseignements dont je me suis occupé ici.

Je considère mon horloge comme une des premières la première peut-être, qui ait été construite avec un ressort moteur en spirale muni de fusée; les armoiries et les emblèmes qui ornent ce petit chef-d'œuvre prouvent d'autre part l'authenticité de son origine; je soutiens donc jusqu'à preuve du contraire, que mon horloge indépendamment des souvenirs qui s'y rattachent et de l'intérêt qu'elle peut inspirer comme objet d'art, constitue un monument historique prouvant que l'application à l'horlogerie du ressort en spirale réglé par une

---

*) Jean de Plantagenet duc de Bedford 3me fils de Henri IV roi d'Angleterre, nommé à la mort de son frère Henri V en 1422, régent de France pour le compte de son neveu mineur Henri VI, conserva la régence jusqu'à sa mort en 1435; il épousa en premières noces en 1423 Anne de Bourgogne fille de Philippe-le-bon, puis en deuxièmes noces Jaquette fille du comte de St. Pol, un vassal du duc son beau-père; c'est lui que l'histoire rend responsable de l'affreux supplice de Jeanne d'Arc tombée entre ses mains en 1430.

**) Hubert van Eyck né en 1366 mort en 1426 et Jean van Eyck né en 1370 mort en 1445, comptent parmi les artistes les plus célèbres du temps, ils furent particulièrement protégés par Philippe-le-bon.

fusée à corde musicale, date de 1430 au moins et c'est là un fait important comblant dans l'histoire de l'horlogerie, cette lacune que l'on retrouvera encore ouverte dans tous les nombreux ouvrages spéciaux que j'ai cités dans le courant de cette notice.

Nous savons d'une manière précise que vers 1430 on avait en France*), en Angleterre et en Allemagne des horloges à poids de grande et de petite dimension, ces dernières étant même déjà assez répandues dans les appartements des grands seigneurs; mais l'histoire reste muette relativement aux horloges à ressort et fusée et ce n'est qu'au XVIᵉ siècle ou tout au plus vers la dernière moitié du XVᵉ siècle, que nous retrouvons avec quelque certitude des horloges de cette espèce les montres de poche**).

Il doit pourtant paraître parfaitement clair à chacun qui s'est occupé de l'histoire de l'horlogerie que lorsqu'on eût inventé le ressort en spirale et la fusée, on a dû commencer par appliquer le nouveau moteur aux horloges d'appartement avant de concevoir l'idée de réduire leurs dimensions jusqu'à celles des montres de poche.

Le ressort en spirale et la fusée sont-ils venus d'Angleterre ou d'Allemagne en France? c'est là une question qu'on ne résoudra probablement plus maintenant, mais il importait d'établir d'une manière sûre par un exemple, que cette invention date au moins de 1430; je dis d'une manière sûre car je n'attache pas grande importance à cette prétendue montre du roi d'Écosse Robert Bruce datant au moins de 1328 (voir plus haut) et pour laquelle Barrington lui-même qui en parle en 1779 se hâte d'ajouter plus loin que la plus ancienne montre de poche qu'il a pu trouver en Angleterre date de 1545. Ils est à regretter que cet auteur et d'autres après lui aient négligé de nous donner une description détaillée du mécanisme et de l'ornementation de cette prétendue montre, car alors peut-être on aurait reconnu qu'il s'agit ici d'un simple gnomon de poche ou du cadran d'une petite horloge à poids, qui aura été utilisé comme cadran d'une montre au XVIᵉ siècle.

On peut ajouter à ce sujet qu'une des plus grandes difficultés dans les recherches dont il est ici question, consiste précisément dans ce fait que les horloges que l'on trouve dans les collections, ont eu pour la plupart à subir dans leur mécanisme des perfectionnements qui en ont détruit l'originalité. Une difficulté plus grande encore s'oppose à des recherches que l'on serait tenté de faire dans les écrits du temps, car alors les horlogers n'étaient pas écrivains et les scribes n'entendaient absolument rien à l'horlogerie, ce qui fait que les horloges portatives à ressort, une fois inventées, se trouvent mentionnées dans la suite sous le

---

*) Voir en particulier pour la France les horloges mentionnées dans les publications de M. le comte de Laborde „Les ducs de Bourgogne" déjà cité, puis „Glossaire et répertoire etc.... „Notice des émaux bijoux etc.... exposés dans les galeries du Louvre", Paris, 1853, in 8.

Voir encore: Dubois, collection Soltykoff, déjà cité, et tous les nombreux ouvrages concernant l'histoire de l'horlogerie.

**) Des historiens suisses en faisant le récit des victoires de Grandson et Morat racontent que les soldats suisses en pillant les trésors que les seigneurs bourguignons avaient abandonnés sur le champ de bataille, trouvèrent de petits objets mignons qu'ils prirent pour des bêtes parce qu'ils laissaient entendre un léger bruit et se hâtèrent de les écraser sous une pierre.

Quant aux œufs de Nuremberg que Peter Hele construisit vers 1500—1542 (Hertz, p. 25 et d'autres) on les trouve cités partout sous le nom de „Nürnberger lebendige Eierlein".

même nom que celles à poids, sans qu'il soit possible de trouver une distinction relative à leur moteur; cette distinction ne devient évidente que lorsqu'on rapporte qu'il s'agit d'une montre de poche.

C'est là ce qui explique pour le XV° siècle l'existence de cette lacune que je me propose ici de combler en indiquant une date probable pour l'invention des horloges à ressort et fusée.

Cette date constitue une étape très-importante dans l'histoire de l'horlogerie, laquelle paraît être restée ensuite presque stationaire pendant plus de deux siècles c. à d. jusqu'à l'invention des échappements à pendule et à balancier muni de spirale, dus à Huyghens (1657 et 1674).

J'ajoute enfin en terminant que je serais très-reconnaissant à mes lecteurs de toute objection fondée ou de tout renseignement sérieux qu'il voudront bien me communiquer au sujet de cette notice.

Vienne, en Juin 1877.

Maximilien de Leber.

www.ingramcontent.com/pod-product-compliance
Lightning Source LLC
Chambersburg PA
CBHW030127230526
45469CB00005B/1829